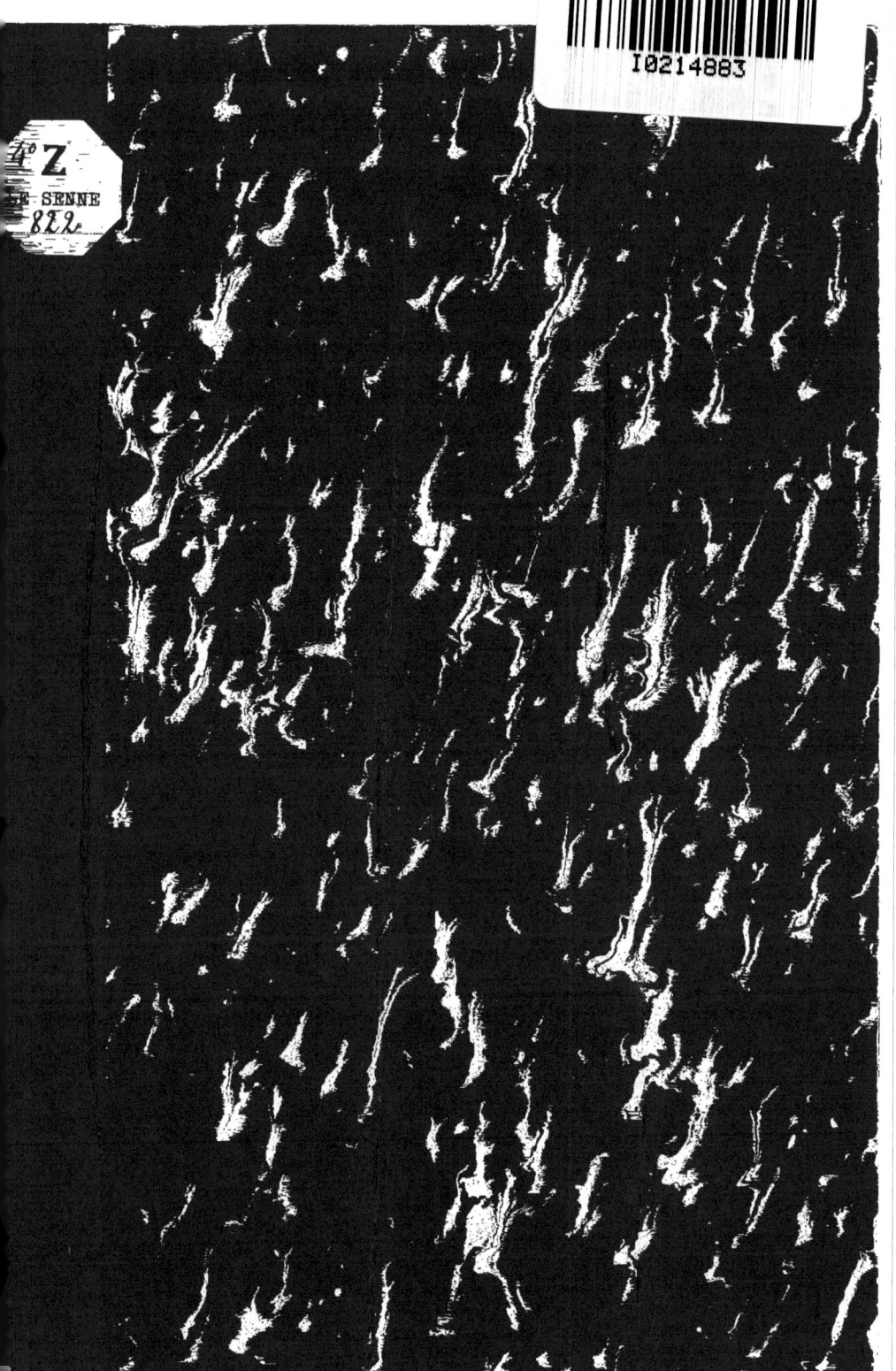

ADOLPHE JULLIEN

LES SPECTATEURS
SUR LE THÉATRE

ETABLISSEMENT ET SUPPRESSION

DES BANCS

SUR LES SCÈNES DE LA COMÉDIE-FRANÇAISE ET DE L'OPÉRA

AVEC

Documents inédits extraits des Archives de la Comédie-Française

Un plan du Théâtre-Français avant 1759, d'après BLONDEL,
Et une gravure à l'eau-forte de M. E. CHAMPOLLION, d'après CHARLES COYPEL (1726)

PARIS
A. DETAILLE, LIBRAIRE-ÉDITEUR
10, RUE DES BEAUX-ARTS, 10

1875

LES

SPECTATEURS SUR LE THÉATRE

Tiré à 300 exemplaires,
Dont 25 sur papier de Hollande.

ADOLPHE JULLIEN

LES SPECTATEURS
SUR LE THÉATRE

ÉTABLISSEMENT ET SUPPRESSION

DES BANCS

SUR LES SCÈNES DE LA COMÉDIE-FRANÇAISE ET DE L'OPÉRA

AVEC

Documents inédits extraits des Archives de la Comédie-Française

Un plan du Théâtre-Français avant 1759, d'après BLONDEL,
Et une gravure à l'eau-forte de M. E. CHAMPOLLION, d'après CHARLES COYPEL (1726)

PARIS

A. DETAILLE, LIBRAIRE-ÉDITEUR
10, RUE DES BEAUX-ARTS, 10

1875

AUTRES OUVRAGES DU MÊME AUTEUR :

EN VENTE A LA MÊME LIBRAIRIE

LE THÉATRE DES DEMOISELLES VERRIÈRES. LA COMÉDIE DE SOCIÉTÉ DANS LE MONDE GALANT DU SIÈCLE DERNIER. Une brochure grand in-8°.

EN VENTE A LA LIBRAIRIE J. BAUR, 11, RUE DES SAINTS-PÈRES

HISTOIRE DU THÉATRE DE MADAME DE POMPADOUR, DIT THÉATRE DES PETITS CABINETS. Un volume grand in-8°, avec une eau-forte de Martial, d'après Boucher.

LA MUSIQUE ET LES PHILOSOPHES AU DIX-HUITIÈME SIÈCLE. Une brochure in-8°.

L'OPÉRA EN 1788, Documents inédits extraits des Archives de l'État. Une brochure in-8°.

LA COMÉDIE A LA COUR DE LOUIS XVI. LE THÉATRE DE LA REINE A TRIANON, d'après des documents nouveaux et inédits. Une brochure in-8°.

Paris, — Imprimerie Alcan-Lévy, 61. rue de Lafayette.

LES
SPECTATEURS SUR LE THÉATRE

CHAPITRE PREMIER

A scène de la Comédie-Française offrait aux regards, jusqu'au milieu du siècle dernier, un spectacle aussi brillant qu'il était contraire aux exigences de l'action et de la vérité dramatiques. De chaque côté du théâtre, et tenant près du tiers de la scène, étaient rangées des banquettes, places attitrées des gens du bel air, pour qui c'était la mode de se pavaner ainsi, de se donner en spectacle à la salle entière et d'étaler là leurs précieuses personnes.

Cet usage avait pris naissance dans les modestes locaux où notre théâtre avait commencé par s'abriter. Dans l'espace d'un siècle, la Comédie-Française avait trois fois demandé asile à des jeux de paume, où les spectateurs se plaçaient chacun selon sa convenance. L'affluence allant toujours grandissant, on imagina quelque jour de ranger des chaises sur la scène, pour les personnes qui n'avaient pu trouver place dans la salle ; mais bientôt les grands seigneurs, financiers et petits-maîtres, prétendirent occuper, à l'exclusion de tous autres, des places qui favorisaient leur coquetterie et le commerce galant qu'ils entretenaient avec les comédiennes. Ils les conquirent moyennant finances, et les gardèrent au grand avantage de la caisse du théâtre, si bien qu'au moment où la troupe du roi s'était transportée à sa nouvelle salle de la rue des Fossés-Saint-Germain, elle avait religieusement respecté cet usage si contraire aux intérêts de l'art, mais si profitable à ceux de la Compagnie (1).

C'était en 1687 que les comédiens français avaient reçu ordre du roi d'abandonner leur théâtre sis rue Mazarine, en face de la rue Guénégaud, sur les réclamations du collége Mazarin qui se trouvait gêné par leur voisinage bruyant et profane. Après de longues hésitations, ils avaient acquis, en mai 1688, le jeu de paume de l'Etoile, rue des Fossés-Saint-Germain-des-Prés, et deux maisons contiguës (2). Ils les firent abattre et confièrent à François d'Orbay la construction d'une nouvelle salle, qui fut inaugurée, le lundi de la Quasimodo, 18 avril 1689, par *Phèdre* et *le Médecin malgré lui*.

Cette salle, où la Comédie devait rester pendant plus d'un siècle, avait la forme d'une demi-ellipse, dont le diamètre en largeur était de treize pieds et demi. Les bancs pour les spectateurs réduisaient la largeur de la scène à quinze pieds sur le devant et à onze dans le fond. Il y avait trois étages de loges et dix-neuf loges à chaque étage, toutes de huit places, y compris celle du roi et celle de la reine, placées au premier étage, à gauche et à droite de l'acteur. Les loges royales, arrondies du devant et dominant l'orchestre, comme nos avant-scènes actuelles, séparaient les loges de la salle des loges d'avant-scène, appelées *balcons*, parce qu'elles étaient situées au dessus des bancs du théâtre et des *balcons* qui séparaient les acteurs des spectateurs (U). Il y avait de chaque côté deux loges de balcons à chaque étage, soit douze en tout.

L'escalier d'honneur, placé entre une petite cour et une loge d'acteur, s'arrêtait au premier étage; ceux latéraux aux avant-scènes conduisaient aux loges de balcons et faisaient communiquer le théâtre avec l'orchestre. L'escalier attenant au grand balcon de la façade conduisait aux secondes et troisièmes loges, et celui marqué L servait de dégagement pour ces mêmes places au moment de la sortie. Le grand corridor N faisait communiquer avec le théâtre et les foyers des comédiens toutes les premières places : balcons, orchestre, premières loges et amphithéâtre. Le rez-de-chaussée du théâtre comprenait l'*orchestre* (1), étroit et garni de bancs, enclavant l'orchestre des musiciens ; le *parterre*,

(1) Les places d'orchestre, de balcon, d'amphithéâtre, les premières loges et les banquettes de la scène coûtèrent 3 livres jusqu'en 1699. A partir du 5 mars de cette année, jour où l'on commença à payer le sixième pour les pauvres, elles coûtèrent 3 livres 12 sols; enfin, en février 1716, elles furent portées à 4 livres.

(2) *L'arrest par lequel le Roy permet aux comédiens d'acquérir le Jeu de paume de l'Étoile* est du 1er mars 1688.

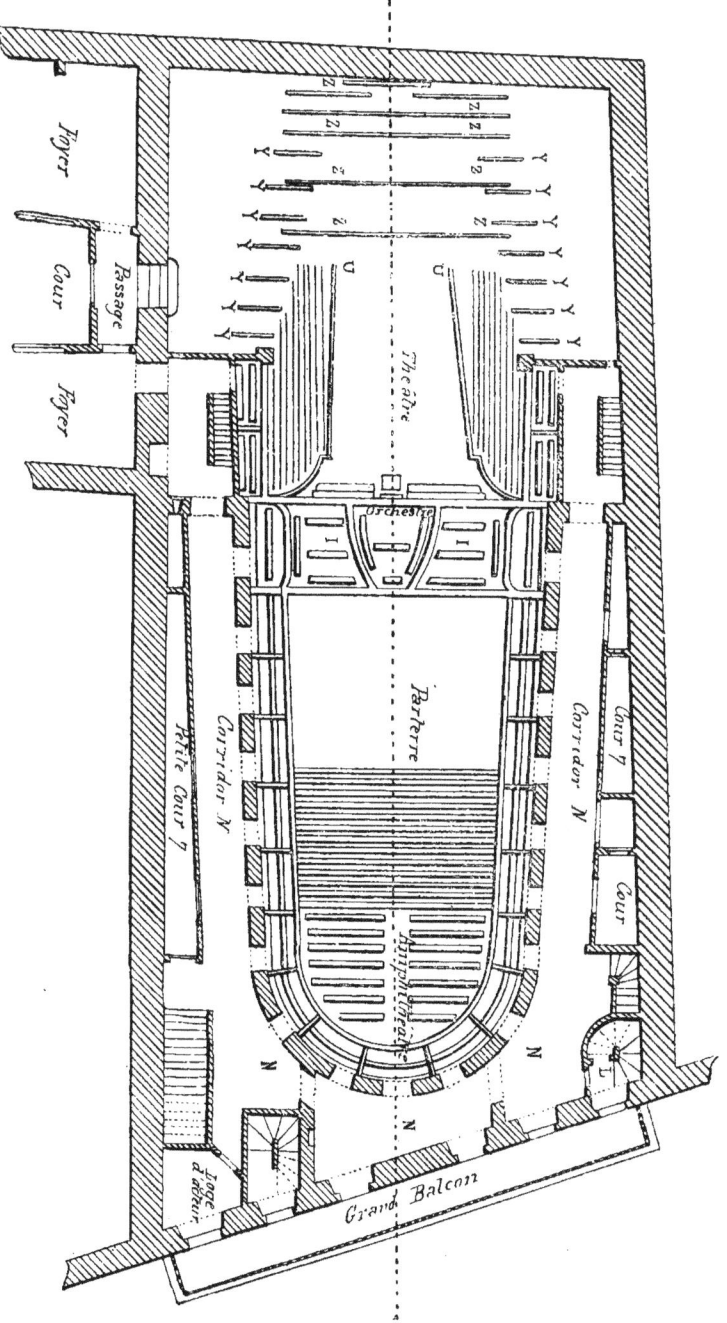

desservi par un escalier isolé, où l'on entrait avec cannes et épées et où l'on restait debout avec faculté d'aller se chauffer aux deux grands poêles placés à droite et à gauche ; et enfin l'*amphithéâtre*, qui allait montant jusqu'au rebord des premières loges de face, par une disposition analogue à celle de l'Opéra de la rue Le Peletier. Cette description sommaire servira de légende au plan ci-joint du premier étage de la Comédie (extrait de l'*Architecture française*, de Blondel, 1752), sur lequel sont exactement marquées les banquettes de la scène, encloses dans une balustrade dorée (1).

Là, l'étourderie, la fatuité, quelquefois l'ivresse des spectateurs, donnaient un surcroît de comédie au reste de la salle et détruisaient l'illusion théâtrale. Durant toute la soirée, le bruit ne cessait pas sur la scène, même au plus fort de l'action tragique. Riches financiers, sémillants petits-maîtres entraient et sortaient suivis de laquais en riches livrées, s'agitaient, babillaient, ricanaient tout à leur aise, tandis que les acteurs s'efforçaient de dominer le tapage par leurs cris et de ramener à eux l'attention de la foule égarée sur cette brillante assemblée.

« On ne savait quelquefois, dit Crébillon dans sa *Lettre sur les spectacles*, si le jeune seigneur qui allait prendre sa place n'était point l'amoureux de la pièce qui venait de jouer son rôle. C'est ce qui donna lieu à ce vers :

On attendait Pyrrhus : on vit paraître un fat !

« Le comédien manquait toujours son entrée, il paraissait trop tôt ou trop tard ; sortant du milieu des spectateurs comme un revenant, il disparaissait de même, sans qu'on s'aperçût de sa sortie. Enfin, tous les grands mouvements de la tragédie ne pouvaient s'exécuter, et les coups de théâtre étaient toujours manqués. »

Les esprits éclairés déploraient cet abus, mais ils en étaient pour leurs conseils et leurs critiques. Les acteurs souffraient aussi de cet usage et se trouvaient souvent gênés par ces barrières et ces banquettes : ils auraient volontiers congédié ces voisins incommodes s'ils n'eussent retiré bon profit de cette location extraordinaire. Il serait trop long d'énumérer en détail tous les inconvénients de cette incroyable coutume. Le rétrécissement du théâtre entravait singulièrement les jeux de la scène et nuisait à la chaleur de l'action. C'était parfois à ce point qu'à une représentation d'*Acajou*, de Favart, vers le milieu du siècle der-

(1) Voir, pour plus de détails, la *Notice historique sur les anciens bâtiments de la Comédie-Française*, par M. Jules Bonnassies. (Paris, Aubry, 1867.)

nier, il ne put paraître qu'un seul acteur, et qu'à la représentation d'*Athalie* du 16 décembre 1739, il fut impossible d'achever la pièce à cause de la cohue. De là découlait la mesquinerie de la mise en scène, par l'impossibilité de meubler ou de décorer d'une façon convenable un endroit ainsi encombré de spectateurs ; de là encore l'invraisemblance des entrées, des sorties, des rencontres fortuites, etc.

Voltaire dit bien, dans son commentaire sur l'*Œdipe*, de Corneille :
« ... Les magnifiques tableaux dont Sophocle a orné son *Œdipe* feraient sans doute le même effet que les autres parties du poëme firent dans Athènes ; mais, du temps de Corneille, nos jeux de paume étroits, dans lesquels on représentait ses pièces, les vêtements ridicules des acteurs, la décoration aussi mal entendue que ces vêtements, excluaient la magnificence d'un spectacle véritable et réduisaient la tragédie à de simples conversations, que Corneille *anima* quelquefois par le feu de son génie. »

Cet embarras perpétuel peut expliquer, en partie, cette sévère et inflexible unité de lieu de nos anciens ouvrages dramatiques. Il eût été fort difficile, dans de telles conditions, de changer en place publique, d'une scène à l'autre, le palais consacré à la Tragédie, la chambre ou la promenade publique attribuée à la Comédie. Pour les grandes pièces à machines, force était parfois d'enlever de la scène les banquettes qui auraient rendu tout changement à vue impraticable. Cela arriva le 17 mars 1675, dans la salle de la rue Guénégaud, à la première représentation de la *Circé*, de Th. Corneille, comme le prouve l'extrait suivant du *Registre de Lagrange*, cité par M. Régnier dans le premier volume du *Monde dramatique* :

CIRCÉ
— 17 mars 1675 —

RECETTE

	livres.	sols.
Théâtre (néant). Le jeu des machines a empêché de délivrer des billets pour cette place.....	»	»
Loges : une à 6 louis et sept à 4...........	374	»
Amphithéâtre et loges basses : 226 places....	1,243	»
Loges hautes : 60 (*sic*) à 3 livres...........	195	»
Loges du troisième rang : 80 à 2 liv.........	160	»
Parterre : 419 places à 30 sols..............	628	10
Reçu en tout................	2,600	10

Les anecdotes abondent qui démontrent les inconvénients de cet état de choses.

On reprochait à Baron de tourner parfois en scène le dos au public. Il ne le faisait que lorsqu'il y était contraint en quelque sorte par les spectateurs des banquettes, qu'il entendait rire ou causer tout haut derrière lui : il se retournait vers eux et imposait silence en leur adressant les vers de son rôle.

A une représentation de *Cinna*, le maréchal de la Feuillade, entendant le comédien qui jouait Auguste déclamer :

> *Ma faveur fait ta gloire et ton pouvoir en vient;*
> *Elle seule t'élève et seule te soutient*, etc.,

dit à mi-voix : « Ah! tu me gâtes le : *Soyons amis, Cinna!* » L'acteur, troublé et croyant que cette apostrophe s'adressait à lui, faillit perdre la tête. Mais le maréchal lui dit après la pièce : « Ce n'est pas vous qui m'avez déplu, c'est Auguste qui dit à Cinna qu'il n'a aucun mérite, qu'il n'est propre à rien, qu'il fait pitié, pour aboutir à ces mots : *Soyons amis*. Si le roi m'en disait autant, je le remercierais de son amitié. »

Un soir qu'on ouait *l'Opéra de village*, de Dancourt (1694), le marquis de Sablé arriva à moitié ivre sur le théâtre. L'acteur-auteur était en scène et chantait ces vers de sa pièce :

> *En parterre, il boutra nos blés,*
> *Nos prés, nos champs seront sablés.*

Le marquis, dont la raison était assez troublée, pensa que celui-ci l'insultait, et, se levant de sa place, il alla gravement souffleter le comédien, qui dut subir cet affront sans mot dire.

Mademoiselle Dumesnil jouait un jour Cléopâtre dans *Rodogune*. Elle venait de lancer ses imprécations et, prête à expirer de rage, s'écriait :

> *Je maudirais les dieux, s'ils me rendaient le jour!*

quand elle se sentit frappée d'un grand coup de poing dans le dos par un vieux militaire qui se trouvait sur le théâtre, précisément derrière elle, et qui lui cria : « Va-t'en, chienne, à tous les diables! » Ce trait de délire interrompit le spectacle, mais l'actrice remercia l'officier de son injure et de ses coups, comme de l'éloge le plus flatteur.

Un bon mot suggéré par la présence des banquettes faillit faire tomber, en 1736, le *Childéric* de Morand. Dans une scène des plus pathétiques, un acteur, chargé d'apporter une lettre, ne pouvait parvenir à fendre la foule et agitait son papier d'une façon désespérée. « *Place au facteur!* » cria un plaisant du parterre aux éclats de rire de toute la salle. A la soirée suivante, l'auteur bien avisé supprima la malencontreuse lettre.

Du reste, les deux parties de l'auditoire, celle qui s'étalait sur la scène et celle qui se tenait debout à l'autre extrémité de la salle, étaient presque toujours en hostilité ouverte. Témoin *le Grondeur*, de Brueys et Palaprat, qui fut sifflé par la première et vivement applaudi par la seconde. Témoin encore le philosophe Plapisson, qui, se trouvant sur la scène, à la première représentation de *l'École des femmes*, haussait les épaules à chaque éclat de rire du parterre, le regardait en pitié et disait avec aigreur : « Ris donc, sot de parterre, ris donc ! »

Il y avait pareille affluence de spectateurs sur la scène de l'Opéra, où ils devaient singulièrement gêner le jeu des machines et entraver l'appareil des décors et le déploiement des masses chantantes ou dansantes. Ces exigences de la mise en scène firent que cet abus fut réprimé plus tôt à l'Académie de musique qu'à la Comédie-Française; toutefois, certain passage des *Amusements sérieux et comiques*, de Dufresny, prouve que les petits-maîtres s'étaient aussi emparés de notre scène lyrique. « Entrons vite à l'Opéra, dit l'auteur au Siamois qu'il promène à travers Paris, et plaçons-nous sur le théâtre. — Sur le théâtre, répartit mon Siamois, vous vous moquez ! Ce n'est pas nous qui devons nous donner en spectacle : nous venons pour le voir. — N'importe, luy dis-je, allons nous y étaler : on n'y voit rien, on y entend mal ; mais c'est la place la plus chère, et par conséquent la plus honorable. Cependant, comme vous n'avez point encore d'habitude à l'Opéra, vous n'auriez pas sur le théâtre cette sorte de plaisir qui dédommage de la perte du spectacle. Suivez-moy dans une loge ; en attendant qu'on lève cette toile, je vais vous dire un mot des païs qu'elle nous cache (1). »

Molière combattit vivement cet usage ridicule, d'abord dans *les Fâcheux* par la bouche d'Eraste, puis dans *le Misanthrope* par celle d'Acaste ; mais le poète était impuissant contre les seigneurs qui venaient là faire montre de leurs précieuses personnes. Il obtint seulement que les chaises fussent remplacées par des bancs immobiles. Déjà, du moins, l'homme à grands canons des *Fâcheux* ne pouvait plus crier du fond de

---

(1) *Amusements sérieux et comiques.* A Paris, chez Claude Barbin, au Palais, sur le second perron de la Sainte-Chapelle (1699). — *Amusement cinquième : l'Opéra.* Voici encore un extrait de ce piquant opuscule :

Les fées de l'Opéra enchantent comme les autres ; mais leurs enchantemens sont plus naturels, au vermillon près... Celles-cy sont naturellement bienfaisantes. Cependant elles n'accordent point à ceux qu'elles aiment le don des richesses : elles le gardent pour elles. »

la scène : « Holà ! ho ! un siége promptement ! » ni traverser tout le théâtre.

> *Mais l'homme pour s'asseoir a fait nouveau fracas,*
> *Et traversant encor le théâtre à grands pas,*
> *Bien que dans les côtés il pût être à son aise,*
> *Au milieu du devant il a planté sa chaise,*
> *Et, de son large dos morguant les spectateurs,*
> *Aux trois quarts du parterre a caché les acteurs.*

Molière eut personnellement à souffrir des inconvénients de cette coutume et des hostilités qui éclataient à chaque instant entre les spectateurs des banquettes et ceux du parterre. Un jour, entre autres, un grand seigneur en humeur de rire s'en va raccoler sur le Pont-Neuf tous les bossus qu'il trouve et leur remet à chacun un billet de théâtre pour le soir. Lorsque la toile se lève, tout le public éclate de rire en voyant, rangés de droite et de gauche, quantité de bossus plus contrefaits les uns que les autres.

Cela n'était encore qu'une plaisanterie assez drôle, mais voici qui prête moins à rire. En recueillant les matériaux d'un travail qu'il prépare sur les spectacles des foires et des boulevards de Paris, M. Campardon a eu la bonne fortune de trouver, à la section judiciaire des Archives de l'État, quatre pièces relatives à Molière, et il les a livrées au public (1). L'un de ces papiers est une *Information à la requête de M. le procureur du Roi, au sujet d'une insulte arrivée à la Comédie du Palais-Royal, par des gens de livrée* (le dimanche 9 octobre 1672). Le magistrat chargé de l'enquête était un nommé David, conseiller du roi, commissaire enquesteur et examinateur au Châtelet de Paris. Entre toutes ces dépositions, nous ne citerons que la plus courte, celle du sieur Mathieu Pélouard, bourgeois de Paris, y demeurant rue Saint-Honoré, paroisse Saint-Germain-l'Auxerrois, âgé de vingt-sept ans environ. Elle suffira à bien faire connaître l'incident :

> Dépose que dimanche dernier étant sur l'amphitéâtre de la Comédie du Palais-Royal, il vit jeter sur le théâtre une pierre ou quelque chose de semblable, pendant que quelques acteurs jouoient, entres autres ledit sieur de Molière; à la fin de la comédie, il vit plusieurs gens de livrée dans le parterre, croit que ce sont tous pages, partie de celle de M. de Grandmont, qui firent grand bruit et rumeur. Aperçut qu'un d'eux donna des coups de bâton, mais ne sait à qui. Et comme cela mit presque toutes les personnes qui y étoient en alarme, M. le procureur du Roi parut en robe sur ledit théâtre, lequel leur dit : « Pages, cela n'est pas honnête d'user de telles violences dans

---

(1) *Documents inédits sur J.-B. Poquelin Molière*, brochure in-18, chez Plon, 1871.

un lieu de respect comme est le Palais-Royal. Mettez vos bâtons bas ! » Nonobstant, ils ne laissèrent de remuer comme auparavant, n'eurent aucun respect pour mondit sieur le procureur du Roi, levoient les mains, comme se moquant de lui ; et quelques personnes d'apparence, qui étoient sur ledit théâtre, leur ayant dit : « Messieurs, vous parlez à M. le procureur du Roi, qui est votre juge, » une voix répondit : « Nous n'avons pas de juges ; nous nous moquons des juges. » Enfin lui parlèrent avec beaucoup de mépris. Et remarqua parmi lesdits pages un jeune homme couvert d'un justaucorps de velours noir, ayant l'épée au côté, et d'une plume blanche sur son chapeau, qui prenait fort leur intérêt contre mondit sieur le procureur du Roi, lequel ne leur parla à tous qu'avec grande douceur et modération, quoiqu'ils causèrent une grande rumeur, et de la manière qu'ils en usèrent, ils se rendirent maîtres du parterre. Est tout ce qu'il a dit savoir.

Signé : David. — Pélouard.

Ces graves désordres renaissant à tout propos, le roi rendit, le 12 janvier 1685, une *ordonnance qui défendait à toutes personnes de commettre aucuns désordres à la Comédie.*

Sa Majesté, estant informée que les défenses qu'elle a cy-devant faites à toutes personnes d'entrer aux Comédies, tant Françoises qu'Italiennes, sans payer, ne sont pas exactement observées ; et même que beaucoup de gens y estant entrez, interrompent par le bruit le divertissement public : Sa Majesté a de nouveau fait très-expresses inhibitions et défenses à toutes personnes, de quelque qualité et condition qu'elles soient, même aux officiers de sa maison, ses gardes, gendarmes, chevau-légers, mousquetaires, et tous autres, d'entrer auxdites Comédies sans payer ; comme aussi à tous ceux qui y seront entrez, d'y faire aucun désordre, ny interrompre les comédiens en quelque sorte et manière que ce soit. Enjoint au lieutenant-général de police de sa bonne ville de Paris, de tenir la main à l'exécution de la présente ordonnance. Fait à Versailles, le douzième jour du mois de janvier 1685. Signé : LOUIS. Et plus bas, Colbert. Et scellé du sceau de Sa Majesté.

Ces défenses ne produisirent pas grand effet, si bien que le roi fut obligé de les réitérer dans ses ordonnances des 16 novembre 1691 et 19 janvier 1701. Enfin, le 10 avril 1720, le Régent les renouvelait en termes plus sévères :

Sa Majesté, voulant que les défenses qui ont été faites de temps en temps, et qu'elle a renouvelées à l'exemple du feu roi, d'entrer à l'Opéra et à la Comédie sans payer, et d'en interrompre le spectacle, sous aucun prétexte, soient régulièrement observées ; et bien informée que quelques personnes se négligent sur leur observation, Sa Majesté, de l'avis de M. le duc d'Orléans, régent, a fait et fait très-expresses inhibitions et défenses à toutes personnes de quelque qualité et condition qu'elles soient, mêmes aux officiers de sa maison, gardes, gendarmes, chevau-légers, mousquetaires et autres, d'entrer à l'Opéra ni à la Comédie sans payer. Défend aussi à tous ceux qui assisteront à ces spectacles d'y commettre aucun désordre en entrant, ni en sortant, et d'interrompre les acteurs pendant les représentations et entr'actes, à peine de désobéissance. Fait pareilles défenses, et sous les mêmes peines, à toutes personnes de quelque qualité et condition qu'elles soient, de s'arrêter dans les coulisses qui servent d'entrée au théâtre de la Comédie, et hors de l'enceinte des balustrades qui y sont posées pour tenir les spectateurs assis et séparés d'avec les acteurs, afin que ceux-ci puissent faire leurs représentations avec plus de décence et à la plus grande satisfaction du public. Défend aussi à tous domestiques portant livrées, sans aucune réserve, exception ni distinction, d'entrer à l'Opéra ou à la Comédie, même en payant, de commettre aucunes violences, indécences ou autres désordres, aux entrées ni aux environs des salles et lieux où se font ces représentations, sous telles peines qu'il jugera convenable. Permet Sa Majesté, d'emprisonner les contrevenants, et enjoint au sieur d'Argenson, etc.

Autant d'ordonnances, autant en emportait le vent. Les édits, comme la raison, étaient impuissants à réprimer chez les seigneurs cette folle envie de se donner en spectacle et de chercher à attirer sur eux l'attention de la salle par leurs bruyantes façons d'agir. Un demi-siècle s'écoulera encore avant que ce fâcheux abus puisse être réprimé.

CHAPITRE II

1759

'Italie avait, bien avant nous, rejeté ce sot usage, et l'Angleterre, sans l'abolir entièrement, l'avait modifié pour en atténuer l'inconvenance. Le président de Brosses écrit de Gênes à M. de Blancey, le 1ᵉʳ juillet 1739 : « Les hommes ne se placent point ici sur le théâtre ; ce n'est qu'en France qu'on a cette mauvaise coutume, qui étouffe le spectacle et gêne les acteurs. Ils se mettent sur une estrade au niveau du théâtre, qui règne au bas des loges, au-dessus et tout autour du parterre ; en se levant de leur banquette pendant les entr'actes, ils se trouvent à portée de converser avec les femmes qui sont dans les loges. » Plus tard, il mande de Rome à M. de Maleteste : « Les spectateurs ne se mettent jamais sur le théâtre, ni à la comédie, ni à l'opéra ; il n'y a qu'en France où nous ayons cette ridicule habitude d'occuper un espace qui n'est fait que pour l'acteur et pour les décorations ; mais en France mille gens vont à la comédie, bien plus pour les spectateurs que pour le spectacle (1). »

En Angleterre, les spectateurs pouvaient bien s'asseoir sur le théâtre,

(1) Une curieuse gravure de Charles Coypel donne une idée exacte de l'aspect général de la Comédie avant le lever du rideau. Cette estampe est de 1726 ; c'est le frontispice des dessins composés par Coypel pour les pièces de Molière. *Le Mercure de France*, de juillet 1726, en annonçant cette gravure, dit : « Elle représente

mais seulement aux jours de grande affluence. Steele écrit dans le premier numéro de son *Babillard* (avril 1709) : « Jeudi dernier, on joua pour le compte de Betterton, la fameuse comédie connue sous le titre d'*Amour pour amour* (de Dryden). Les demoiselles Barry et Bracegirdle, excellentes actrices, et M. Dogget, célèbre acteur, y tinrent leurs rôles, quoiqu'elles ne soient pas à présent de la troupe non plus que lui. L'affluence des personnes de distinction fut si grande, que l'on n'avait encore rien vu de semblable. Le théâtre même était rempli du plus beau monde, et la compagnie qui parut derrière le rideau, quand on l'eut entr'ouvert, ne le cédait point au reste. »

Il va sans dire que cet usage occasionnait aussi, sur la scène anglaise, maint incident comique, tel que celui-ci, raconté par la célèbre mistress Bellamy qui faisait, au siècle dernier, les beaux jours de Covent-Garden.

Un spectateur qui était sur la scène, prit un moyen très peu convenable de me montrer sa satisfaction. Un peu pris de vin probablement, car sans cela j'imagine qu'il n'eût pu se permettre une pareille hardiesse, au moment où je passais devant lui, il baisa le derrière de mon cou. Irritée de cette insulte, oubliant la présence du lord-lieutenant et celle d'un si grand nombre de spectateurs, je me retournai sur-le-champ vers l'insolent et je lui donnai un soufflet. Quelque déplacée que fût cette manière de ressentir un outrage, elle reçut l'approbation de lord Chesterfield qui, se levant dans sa loge, m'applaudit des deux mains. Toute la salle suivit son exemple. A la fin de l'acte, le major Macartney vint, de la part du vice-roi (la scène se passe à Dublin), inviter M. Saint-Léger (c'était le nom de l'indiscret) à faire des excuses au public, ce qu'il fit sur-le-champ. Cette aventure contribua à une réforme que désirait depuis longtemps M. Shéridan. Il fut fait un règlement, en conséquence duquel personne ne devait être admis dans les coulisses (1).

Voltaire tenta à son tour de jeter à bas ces embarrassantes banquettes, et lança ses premières attaques dans le *Discours sur la tragédie*, qu'il

la salle de la Comédie, la toile et les lustres baissés. On y voit une partie des loges et du parterre, que l'auteur a remplis de caractères variez et comiques : petits-maîtres sur le théâtre; femmes du bel air dans les loges; au parterre, vieux pilliers de spectacles, jeunes gens nouvellement débarquez; grands hommes incommodes à des petits, etc... En vente *chez Surrugue, graveur, rue des Noyers, vis-à-vis Saint-Yves.* Le prix est de *quinze sols.* »—Il est à remarquer qu'il n'y a pas d'emplacement réservé pour les musiciens, comme sur le plan de Blondel, qui est de vingt-cinq ans postérieur : on les plaçait encore dans une loge, comme au temps de Chappuzeau. Il n'y avait pas non plus de bancs d'orchestre pour le public, et le parterre debout s'étendait jusqu'à la scène, mais une grille placée à peu près à hauteur de tête séparait les acteurs des spectateurs du premier rang.

(1) *Mémoires de mistress Bellamy* (l. XX et XXIII). Il ne s'agit plus ici de banquettes rangées de chaque côté de la scène, mais de siéges réservés à certains spectateurs qui se trouvaient, pour ainsi dire, moitié dans la coulisse et moitié sur le théâtre.

LES SPECTATEURS SUR LE THÉATRE

plaça en tête de *Brutus*. « L'endroit où l'on joue la comédie, dit-il, et les abus qui s'y sont glissés, sont encore une cause de cette sécheresse qu'on peut reprocher à quelques-unes de nos pièces. Les bancs qui sont sur le théâtre destinés aux spectateurs, rétrécissent la scène et rendent toute action presque impraticable. Ce qui est cause que les décorations, tant recommandées par les anciens, sont rarement convenables à la pièce. Ils empêchent surtout que les acteurs ne passent d'un appartement dans un autre aux yeux des spectateurs, comme les Grecs et les Romains le pratiquaient sagement, pour conserver à la fois l'unité de lieu et la vraisemblance. »

Ce plaidoyer en faveur de la vérité théâtrale n'eut d'abord aucun succès auprès des comédiens ; mais quand il s'agit de jouer *Sémiramis*, ils crurent de leur intérêt de ne pas résister aux réclamations du poète, et firent une légère concession aux nécessités de la mise en scène. Le décor embrassait les banquettes les plus rapprochées des coulisses, et l'on parvenait aux places du théâtre, non plus par les foyers, mais par une issue pratiquée dans le premier balcon. A la représentation (29 août 1748), la demi-mesure imaginée par les comédiens fit ressortir davantage ce que la situation avait de ridicule. Modifier à moitié la scène, c'était reconnaître l'abus sans le détruire. La pièce porta la peine de cette négligence : elle tomba (1). Comment n'eût-elle pas échoué au milieu du choquant appareil que Marmontel décrit dans ses *Mémoires*. « ...Le lieu de la scène était resserré par une foule de spectateurs, les uns assis sur les gradins, les autres debout au fond du théâtre et le long des coulisses; en sorte que Sémiramis éperdue, et l'ombre de Ninus sortant de son tombeau, étaient obligés de traverser une épaisse haie de petits-

(1) « Le roi avait donné 5,000 livres pour faire une décoration neuve, qui n'a point été trouvée admirable. Cette décoration aux deux premières représentations embrassait les balcons les plus proches du théâtre, où l'on n'entrait que par le premier balcon, qu'on avait ouvert, et non par les foyers comme à l'ordinaire. » (*Journal de Collé*, septembre 1748). — Le premier jour, *Sémiramis* fut accompagnée de *l'Épreuve réciproque*. Voici les noms des comédiens qui jouaient ce soir-là : MM. Le Grand, Dubreuil, Sarrazin, Grandval, Dangeville, Dubois, Baron, Delanoue, Paulin, Deschamps, Rosely, Drouin, Ribou, mesdemoiselles Lamotte, Grandval, Dumesnil, Lavoy, Gaultier, Clairon. La recette fut des plus brillantes : 4,033 livres. Mais aussi les frais du jour montaient à 93 l., 18 sols. Outre les voitures et autres dépenses ordinaires, on avait payé : pour 8 assistans (figurants), 8 l., — p. le tonnerre, 1 l., — p. une livre d'arcançon, 12 s., — p. 2 personnes pour la jetter, 1 l., — pour 8 habits à la grec, 48 l., — p. les diamants de mademoiselle Clairon, 3 l., — p. une mante p. M. Le Grand, 2 l., — p. 6 grandes perches, 6 l. — Enfin, outre la chandelle du jour qui coûtait 39 l. 12 s., il y avait 220 livres de chandelle extraordinaire qui coûtaient 121 l. (*Registres de la Comédie-Française*, aux archives du théâtre.)

maîtres. Cette indécence jeta du ridicule sur la gravité de l'action théâtrale. Plus d'intérêt sans illusion, plus d'illusion sans vraisemblance ; et cette pièce, le chef-d'œuvre de Voltaire du côté du génie, eut, dans sa nouveauté, assez peu de succès pour faire dire qu'elle était tombée. Voltaire en frémit de douleur, mais il ne se rebuta point... »

Pareil échec était bien fait pour exciter la colère du poète : il la laissa éclater dans la *Dissertation sur la tragédie*, adressée au cardinal Quirini, qu'il mit en tête de son ouvrage.

On a voulu donner dans *Sémiramis* un spectacle encore plus pathétique que dans *Mérope*; on y a déployé tout l'appareil de l'ancien théâtre grec. Il serait triste, après que nos grands maîtres ont surpassé les Grecs en tant de choses dans la tragédie, que notre nation ne pût les égaler dans la dignité de leurs représentations. Un des plus grands obstacles qui s'opposent sur notre théâtre à toute action grande et pathétique, est la foule des spectateurs, confondue sur la scène avec les acteurs : cette indécence se fit sentir particulièrement à la première représentation de *Sémiramis*. La principale actrice de Londres, qui était présente à ce spectacle, ne revenait point de son étonnement : elle ne pouvait concevoir comment il y a des hommes assez ennemis de leurs plaisirs pour gâter ainsi le spectacle sans en jouir. Cet abus a été corrigé dans la suite aux représentations de *Sémiramis*, et il pourrait aisément être supprimé pour jamais. Il ne faut pas s'y méprendre ; un inconvénient tel que celui-là seul a suffi pour priver la France de beaucoup de chefs-d'œuvre, qu'on aurait sans doute hasardés, si on avait eu un théâtre libre, propre pour l'action, et tel qu'il est chez toutes les autres nations de l'Europe (1).

Cette protestation resta sans effet. Deux ans plus tard, lors de la représentation de son *Œdipe*, Voltaire fut encore contraint de subir ce gênant appareil. Il dut alors modifier la catastrophe de Sophocle pour adopter une version moins théâtrale, moins tragique, et dont il était le premier à reconnaître la faiblesse. Obligé de rejeter une action qui avait produit si grand effet sur la scène étroite mais libre de Versailles, Voltaire voulut du moins faire partager aux comédiens la responsabilité du changement rendu nécessaire par l'état du théâtre, et il accompagna sa variante de cette note perfide : « Rien n'est plus aisé et plus commun parmi nous que de jeter du ridicule sur une action théâtrale à laquelle on n'est pas accoutumé. Les cris de Clytemnestre, qui faisaient frémir

(1) Dix ans plus tard, sa rancune subsistait encore. « Vous me demandez, monsieur, si on doit entendre, au premier acte, les gémissements de l'ombre de Ninus; je vous répondrai que, sans doute, on les entendrait sur un théâtre grec ou romain ; mais je n'ai pas osé le risquer sur la scène de Paris, qui est plus remplie de petits-maîtres français, à talons rouges, que de héros antiques. » (*Lettre au marquis Albergati Capacelli*, 4 décembre 1758).

les Athéniens, auraient pu, sur un théâtre mal construit, et confusément rempli de jeunes gens, faire rire des Français; et c'est ce que prétendait une cabale un peu violente (1). »

Cette question artistique était malheureusement doublée d'une question pécuniaire, et tandis que les écrivains et auteurs dramatiques mettaient en avant les intérêts de l'art, les sociétaires de la Comédie s'inquiétaient surtout de ceux de leur bourse. Chaque fois que la proposition d'un pareil changement s'était produite, la plupart des comédiens, ceux que Lekain appelait avec un certain dédain la *vétérance*, s'y étaient toujours opposés, très désireux qu'ils étaient de ne pas diminuer leurs revenus à la fois par des travaux assez coûteux et par la suppression de places aussi recherchées.

Voltaire aurait donc vainement réclamé contre cet abus, s'il ne s'était trouvé, pour lui venir en aide, un homme éclairé, ami des arts, du théâtre, et disposant d'une fortune assez considérable pour payer de ses deniers cette transformation du Théâtre-Français. Le comte de Lauraguais avait senti se développer en lui de bonne heure le goût de l'étude et de la composition. En ce temps où une sorte de vie commune unissait les hommes d'esprit à la noblesse et à la finance, il ne s'était pas contenté de protéger les lettres et les sciences, il avait voulu en cultiver différentes branches, et s'était tour à tour adonné à l'art dramatique et à la chimie, au droit et à la médecine; il employait enfin une grande partie de sa fortune à hâter les progrès de la science ou des arts. Le grand seigneur homme de lettres n'avait pas été moins choqué de cet abus que son maître et ami, le patriarche de Ferney : il proposa donc aux comédiens de supporter tous les frais de ces réparations.

C'est au commencement de 1759 que M. de Lauraguais fit cette offre généreuse à la Comédie. Lekain, de son côté, n'avait point manqué d'épouser, sur ce point, les idées de son protecteur. Il avait ressenti vivement l'échec infligé à *Sémiramis* par cette disposition défectueuse de la scène, et son esprit éclairé, toujours en quête d'améliorations à apporter dans toutes les parties de la représentation théâtrale, ne souffrait pas moins de cette anomalie absurde de mise en scène que des contre-sens historiques du costume théâtral, auxquels il s'était déjà efforcé de remédier. Cet artiste novateur appuya donc chaudement la demande de M. de

(1) Par deux ordonnances datées de Marly le 7 mai 1749, et de Versailles le 29 novembre 1757, le roi réitéra les prohibitions formulées par les précédentes ordonnances, et « fit pareillement défenses et sous les mêmes peines à toutes personnes de s'arrêter dans les coulisses qui servent d'entrées aux théâtres des deux comédies, et hors de l'enceinte des balustrades qui y sont posées ».

Lauraguais ; mais il ne suffisait plus ici, comme pour le costume, d'un effort isolé de sa part, qui pût démontrer à autrui l'excellence des idées qu'il défendait. Cette question complexe demandait, pour être résolue, le concours d'autres volontés que la sienne : il résolut donc, pour vaincre les dernières hésitations de ses camarades, de s'adresser non pas à eux, mais directement au ministre, et rédigea, sur ce sujet, un mémoire éloquent qu'il lui fit parvenir à la fin de janvier.

Ce rapport, composé uniquement, comme dit Lekain, « pour un ministre qui sait apprécier tout à sa juste valeur », est trop étendu pour que nous puissions le reproduire, même en partie (1). Aussi bien l'auteur, après avoir protesté contre la routine, les préjugés, l'indécision qui régnaient alors à la Comédie, après s'être décerné — avec plus de raison que de modestie — le brevet d'artiste plus « audacieux et plus enthousiaste qu'aucun de ses camarades, » ne fait-il que répéter avec véhémence toutes les protestations, qu'un mélange aussi choquant avait inspirées à tous les gens de goût et de sens. Il énumère à nouveau tous les côtés ridicules de cette situation, exalte l'influence bienfaisante qu'une telle réforme exercerait sur toutes les branches de l'art théâtral, et conclut enfin en fort bons termes : « La force de mes arguments n'empêchera pas le corps de la vétérance de me répéter que, *malgré ces inconvénients, le Théâtre-Français a produit les plus grands sujets que l'on y verra jamais.* Cela peut être vrai, mais il n'est pas encore prouvé qu'ils n'eussent pas été plus grands sur un théâtre où leurs talents se seraient plus grandement déployés. Quant à nos acteurs modernes, j'avoue que s'ils ont quelque défaut, il leur est plus facile de les pallier dans le crépuscule que de les sauver au grand jour. Il en est qui, vus dans tous leurs sens, pourront n'y pas gagner ; mais c'est beaucoup que de leur offrir des moyens qui les forcent à devenir meilleurs, et à joindre à l'excellence de leur art, l'action théâtrale, dont on n'avait précédemment que des idées superficielles..... »

(1) On le trouvera dans les *Mémoires de Lekain*, annotés par Talma. (*Collection des Mémoires sur l'art dramatique*, 1825.) — Lekain dit, en note de son rapport, que mademoiselle Clairon s'opposa fortement à ce projet « non qu'elle le désapprouvât intérieurement, mais parce qu'elle ne l'avait pas imaginé. » A quoi Talma répond : « M. de Lauraguais nous a dit que mademoiselle Clairon n'a cessé de lui parler avec reconnaissance de ce que lui devaient l'art et les artistes ; déclaration bien contraire au reproche que lui fait Lekain, d'avoir voulu s'opposer à cette heureuse innovation. » — Nous opposerons aussi à Lekain le témoignage de Voltaire. « Mademoiselle Clairon m'a dit que ni elle, ni mademoiselle Dumesnil, n'avaient déployé l'action dont la scène est susceptible, que depuis que M. le comte de Lauraguais a rendu au public, assez ingrat, le service de payer de son argent la liberté du théâtre et la beauté du spectacle. » (*Lettre au marquis de Villette*, 1ᵉʳ septembre 1765.)

Les comédiens décidèrent enfin d'accueillir la proposition de M. de Lauraguais et de profiter des vacances annuelles (de la Passion à la Quàsimodo), pour transformer la scène et en modifier les abords. La clôture eut lieu le samedi 31 mars. Brizard, qui avait débuté le 30 juillet 1757, par le rôle d'Alphonse, d'*Inès de Castro*, et qui avait été reçu le 16 mars suivant, prononça un discours conformément à l'usage, qui voulait qu'un des acteurs nouvellement admis fît les discours de clôture et de rentrée. Après avoir passé en revue l'année qui venait de s'écouler, il annonça en ces termes l'innovation projetée.

« ..... Nous touchons, messieurs, au moment de voir l'illusion et la majesté rétablies sur ce théâtre. Un ami des Arts et des Lettres a bien voulu nous en procurer les moyens, et nos Supérieurs nous ont permis de remplir ses vues, en donnant à la scène française une forme et une disposition plus décente. Mais jusqu'ici, messieurs, livrés à nous-mêmes, et obligés de trouver dans nos faibles talents de quoi donner aux spectacles une vraisemblance, que tout concourait à détruire, à quelles épreuves n'avons-nous pas mis votre indulgence! Elle ne s'est point lassée, elle ne s'est point démentie, et vous l'avez toujours mesurée aux obstacles que nous avions à surmonter..... »

La représentation à peine terminée, les ouvriers envahirent la scène et commencèrent leur œuvre de destruction.

Les comédiens français font travailler à changer la forme de leur salle, pour qu'il n'y ait plus de monde sur le théâtre. Les ouvriers s'en sont emparés samedi, 31 du courant; ils y travaillent jour et nuit. M. le comte de Lauraguais est la cause de cet heureux changement. Il y a quelques mois qu'un architecte, ou un artiste quelconque, lui fit voir un plan pour arranger la salle des Français, de façon qu'il n'y ait plus de spectateurs sur le théâtre; il le fit communiquer aux comédiens, qui l'approuvèrent, et lui firent dire que quoiqu'ils perdissent et diminuassent très fort leur recette par ce nouvel arrangement, ils l'adopteraient pourtant s'ils avaient de quoi faire la dépense nécessaire. M. de Lauraguais a offert la somme de 12,000 liv., à laquelle l'entrepreneur a assuré que cela monterait tout au plus. On prétend aujourd'hui que cette dépense passera 40,000, et on imagine que cela fera contestation entre M. de Lauraguais et les comédiens, qui diront qu'ils n'ont consenti à ce changement que sous la condition qu'il ne leur en coûterait rien; et cela me paraît assez juste. Quoi qu'il en soit, c'est le plus grand service que l'on puisse rendre au théâtre, que de débarrasser la scène de nos insipides spectateurs, qui ôtent l'illusion des poëmes dramatiques (1).

Collé ne donne qu'approximativement le chiffre de la dépense occasionnée par ce changement. Les uns l'ont évaluée à 12,000 livres, d'autres à 24,000. Il faut en croire Talma, qui dit : « Lekain ne porte

(1) *Journal de Collé*, mars 1759.

la dépense qu'à 20,000 fr., mais elle excéda 60,000 fr. » Et pour donner plus de poids à cette déclaration anonyme, il ajoute : « L'auteur de cette note a vu les comptes ». C'est donc 60,000 fr. qu'il en coûta à M. de Lauraguais pour transformer la scène de la Comédie-Française (1).

La réouverture eut lieu le lundi de la Quasimodo, 23 avril. Les comédiens avaient fait leur clôture par une représentation des *Troyennes*, de Châteaubrun (2). Cette pièce exigeant la présence en scène d'un grand nombre de personnes, les comédiens la choisirent à dessein le jour de la réouverture, afin de mettre le public en état de juger, par la comparaison, du bon effet de cette disposition nouvelle.

Le Mercure raconte ainsi cette soirée :

..... On a craint d'abord que le théâtre ne parût vide quand les acteurs s'y trouveraient seuls : il n'a fallu, pour dissiper cette crainte, que de voir une comédie dont toute l'action fût dans la vivacité du dialogue. Mademoiselle Dangeville et M. Préville, dans la petite pièce du *Legs*, ont suffi pour remplir la scène. La tragédie des *Troyennes*, par laquelle on a débuté, a paru enfin dans toute la pompe dont elle était susceptible. M. Brizard, dans le compliment de la rentrée, a donné au nom des comédiens français un témoignage public de leur reconnaissance à M. le comte de Lauraguais, qui a bien voulu faire les frais de ce changement de la scène, auquel tout Paris applaudit. Le même acteur a parlé de la retraite de M. Sarrazin, avec une

---

(1) Barbier donne dans son journal des détails précis sur les travaux opérés pendant la clôture. « De tous temps, il y a eu sur le théâtre de la Comédie, de chaque côté, quatre rangées de bancs un peu en amphithéâtre jusqu'à la hauteur des loges, renfermées dans une balustrade et grille de fer doré, pour placer les spectateurs. Dans les grandes représentations, on ajoutait encore, le long de la balustrade, une rangée de banquettes, et, outre cela, il y avait encore plus de cinquante personnes debout, et sans place, au fond du théâtre, qui formaient un cercle. Le théâtre n'était rempli et occupé que par des hommes, pour l'ordinaire. en sorte que le théâtre était très rétréci pour l'action des acteurs. Pour entrer un acteur sur la scène, il fallait faire faire place au fond du théâtre, pour son passage. Il n'était pas même vraisemblable qu'un roi parlant à son confident ou tenant un conseil d'Etat, ou un prince avec sa maîtresse parlant en secret, fussent entourés de plus de deux cents personnes. Cela est changé dans la quinzaine de Pâques, qu'il y a relâche au théâtre pour trois semaines. On a travaillé et l'on a supprimé toutes ces places; on a pris sur le parterre, pour former un parquet, qui tient plus de cent-quatre-vingts personnes ; outre l'orchestre, on a diminué l'amphithéâtre pour allonger le parterre. Le lundi 23 de ce mois, lendemain de la Quasimodo, on a joué sur ce nouveau théâtre. Tout le monde en a été content, et il n'y a pas de comparaison. »

(2) Cette tragédie avait été jouée, pour la première fois, le lundi 11 mars 1754 elle dura pendant tout le carême et obtint un très grand succès. La première représentation des *Troyennes* avait été donnée avec *le Procureur arbitre* : la recette s'était élevée à 4,048 l. Voici les noms des comédiens qui jouaient ce soir-là, sans distinction de pièce : Le Grand, La Thorillière, Armand, Dangeville, Dubreuil, Dubois, Baron, Bonneval, Delanoue, Paulin, Bellecourt, mesdemoiselles Delamotte, Gaussin, Dumesnil, Lavoy, Drouin, De la Tude, Beaumenard, Hus et Préville. (*Registres de la Comédie-Française*, aux archives du théâtre.)

modestie et une sensibilité dignes d'éloges. « La retraite, dit-il, d'un homme si justement honoré de vos suffrages dans les deux genres, m'accable du poids de son exemple. Le pathétique, le naturel, la véhémence des entrailles, la vérité même, formaient le caractère du jeu de M. Sarrazin : Perte irréparable pour vous, messieurs, et désolante pour moi-même, qui me suis vu privé de mon modèle lorsque je l'étudiais avec le plus d'ardeur. Puissai-je adoucir quelquefois, en vous le rappelant, la vivacité de vos justes regrets ! »

Collé écrit d'autre part, avec son aigreur habituelle :

Le lundi 30 du courant, je fus voir la salle de la Comédie-Françoise, sur le théâtre de laquelle on ne souffrira plus personne ; Dieu veuille que cela dure ! Cela fait le meilleur effet du monde ; je crus même m'apercevoir que l'on entendait infiniment mieux la voix des acteurs. L'illusion théâtrale est actuellement entière ; on ne voit plus César prêt à dépoudrer un fat assis sur le premier rang du théâtre, et Mithridate expirer au milieu de tous gens de notre connoissance ; l'ombre de Ninus heurter et coudoyer un fermier-général, et Camille tomber morte dans la coulisse sur Marivaux et sur Saint-Foix, qui s'avancent ou se reculent pour se prêter à l'assassinat de cette Romaine par la main d'Horace, son frère, qui fait rejaillir son sang sur ces deux auteurs comiques. Cette nouvelle forme de théâtre ouvre aux tragiques une nouvelle carrière pour jeter du spectacle, de la pompe et plus d'action dans le poëme. Le costume dans les habillements, que Clairon a établi depuis quelques années, en dépit et malgré ses sots camarades, ne contribue pas peu à rendre l'illusion complète. *Venceslas*, retouchée par M. de Marmontel, avoit toujours été jouée avec des habits à la françoise ; je me souviens de l'avoir vue représentée par Baron et Dufresne, avec des cordons bleus qui ressembloient à l'ordre du Saint-Esprit, et en habit françois. Aujourd'hui ce sont des fourrures et des vêtements à la polonaise, ce qui est beaucoup plus dans le vrai. A présent nous avons les habits tragiques dans le costume, et point de Comédiens ; au lieu que dans ce temps nous avions d'excellents Comédiens et point ces habits.

Cette innovation, favorablement accueillie du public, excita un violent dépit chez les petits-maîtres. Furieux de se voir exclus de la scène, ils résistèrent avec colère à cette mesure, et le soir même ils mirent l'épée à la main chez Procope : les lustres et les glaces du café furent les seules victimes de cette algarade.

Nous aurions voulu rapporter le texte précis du discours de Brizard. *Le Mercure* ayant négligé de le faire contre son habitude, nous nous sommes adressé à M. Léon Guillard, l'obligeant archiviste de la Comédie-Françaises ; mais les archives du théâtre ne renferment que les discours qu'on a pu retrouver et copier dans *le Mercure*. En revanche, M. Guillard a mis à notre disposition les registres de la Comédie : nous transcrivons ici la page consacrée à la représentation du 23 avril, de façon à donner une idée exacte de la manière dont étaient tenus les registres du théâtre au siècle dernier.

OUVERTURE DU THÉATRE
Lundy 23ᵐᵉ avril 1759
LES TROYENNES ET LE LEGS
1ʳᵉ Représentation.

	La garde..	33 l.	10 s.
	Trente assistants (figurants) soldats...............	30	
	22 jettons d'assemblée de ce jour, à six livres......	132	
p.	Une voiture à M. Blainville à la clôture du théâtre.	3	
p.	Une voiture à MM. Dangeville et Lekain pour aller chez M. de la Ferté................................	2	

Feux.

MM. Armand............
Dubois...........
Bonneval........
Paulin..........
Lekain..........
Préville........
Brizard.........
Blainville......
D'Alainville....
Mˡˡᵉˢ Dangeville.....
Gaussin.........
Dumesnil........
De la Tude......
Hus.............
Préville........
Lekain..........

Seize feux à deux livres.... 32

232 l. 10 s.

*Arrêté à la somme de
deux - cent - trente - deux livres
dix souls par nous semainiers.*

Paulin. — Dangeville, semainier.

LES SPECTATEURS SUR LE THÉATRE

OUVERTURE DU THÉATRE
Lundy 23me avril 1759
LES TROYENNES ET LE LEGS
1res Représentations.

4	Quatre Balcons.......... à 36 l............	144		
7	Sept 1res louées........ ..... à 48	336		
13	Treize 2mes louées.......... à 30	390		
329	Billets................... à 6	1,974		
29	Billets................... à 3	87		
120	Billets................... à 2	240		
461	Billets................... à 1	461		
		3,632		
	3 cinqmes hôpital.........	544	16	
		3,087	4	
	Frais ordinaires..........	300		
		2,787	4	
	10me..........	278	14	

Arrêté à la somme de
trois mille six cent quarante (sic)
deux livres par nous semainiers.

PAULIN. — DANGEVILLE.

CHAPITRE III

OLTAIRE apprit avec joie que ses vœux étaient enfin réalisés. Dès le 5 mai, il écrivait des Délices à madame de Fontaine : « Vous me conseillez, en attendant, de faire une tragédie, parce que le théâtre est purgé de petits-maîtres. Moi, faire une tragédie, après ce que le grand Jean-Jacques a écrit contre les spectacles ! Gardez-vous, sur les yeux de votre tête, de dire que je suis jamais homme à faire une tragédie : non, je ne fais point de tragédie... » Et pourtant, au moment même où il écrivait ces lignes, le vieillard, sentant se ranimer son courage, mettait la dernière main à l'un de ses chefs-d'œuvre.

Sa satisfaction éclate presque à chaque lettre nouvelle. Le 19 mai, il écrit à d'Argental : « Mon cher ange, je vous avais bien dit que la liberté et l'honneur rendus à la scène française échauffaient ma vieille cervelle. Ce que vous verrez ne ressemble à rien, et peut-être ne vaut rien. Madame Denis et moi, nous avons pleuré ; mais nous sommes trop proches parents de la pièce, et il ne faut pas croire à nos larmes. » Le 18 juin, il mande à madame d'Argental : « Mon Dieu ! que je fus aise quand j'appris que le théâtre était purgé des blancs-poudrés, coiffés au rhinocéros et à l'oiseau royal ! Je riais aux anges en tapissant la scène de boucliers et de gonfanons. Je ne sais quoi de naïf et de vrai dans cette chevalerie me plaisait beaucoup, et soyez vivement persuadée que si mes foins étaient faits, la pièce en vaudrait beaucoup mieux. »

Cette « chevalerie » était *Tancrède*, dont le poète devait faire hommage en ces termes à madame de Pompadour : « Permettez-moi, Madame, en vous dédiant une tragédie, de m'étendre sur cet art des Sophocle et des Euripide. Je sais que toute la pompe de l'appareil ne vaut pas une pensée sublime ou un sentiment ; de même que la parure n'est presque rien sans la beauté ! Je sais bien que ce n'est pas un grand mérite de parler aux yeux, mais j'ose être sûr que le terrible et le touchant portent un coup beaucoup plus sensible, quand ils sont soutenus d'un appareil convenable, et qu'il faut frapper l'âme et les yeux à la fois. Ce sera le partage des génies qui viendront après nous. J'aurai du moins encouragé ceux qui me feront oublier. C'est dans cet esprit, Madame, que je dessinai la faible esquisse que je soumets à vos lumières. Je la crayonnai dès que je sus que le théâtre de Paris était changé, et devenait un vrai spectacle. »

L'année suivante, Voltaire revenait encore sur ce sujet dans son *Discours sur les changements arrivés à l'art tragique* : « Nos salles de spectacle méritaient bien sans doute d'être excommuniées, quand des bateleurs louaient un jeu de paume pour représenter Cinna sur des tréteaux, et que ces ignorans, vêtus comme des charlatans, jouaient César et Auguste en perruque carrée et en chapeau bordé. Tout fut bas et servile. Des comédiens avaient un privilége ; ils achetaient un jeu de paume, un tripot ; ils formaient une troupe comme des marchands forment une société. Ce n'était pas là le théâtre de Périclès. Que pouvait-on faire sur une vingtaine de planches chargées de spectateurs ? Quelle pompe, quel appareil pouvait parler aux yeux ? quelle grande action théâtrale pouvait être exécutée ? quelle liberté pouvait avoir l'imagination du poëte ? »

A quelque temps de là, en février 1761, Diderot, discutant les conditions de l'art scénique avec madame Riccoboni, la célèbre actrice du Théâtre-Italien, — où l'abus des banquettes subsistait encore, — lui adressait une longue lettre, sorte de petit traité de l'action théâtrale, comme il l'entendait. «..... Il me semble d'abord, disait-il, que vous excusez le vice de notre action théâtrale par celui de nos salles. Mais ne vaudrait-il pas mieux reconnaître que nos salles sont ridicules ; qu'aussi longtemps qu'elles le seront, que le théâtre sera embarrassé de spectateurs, et que notre décoration sera fausse, il faudra que notre action théâtrale soit mauvaise ? Nous ne pouvons décorer le fond, dites-vous, parce que nous avons du monde sur le théâtre. C'est qu'il n'y faut avoir personne, et décorer tout le théâtre. »

Plus loin, Diderot se dit singulièrement choqué par la présence au théâtre de fusiliers insolents placés à droite et à gauche pour tempérer les transports du parterre, puis il prend le contre-pied de l'opinion de

Voltaire, et défend énergiquement l'ardeur passionnée, que le parterre montrait auparavant pour faire triompher ses jugements.

Il y a quinze ans que nos théâtres étaient des lieux de tumulte, écrit Diderot. Les têtes les plus froides s'échauffaient en y entrant, et les hommes sensés y partageaient plus ou moins le transport des fous. On entendait, d'un côté, *place aux dames*; d'un autre côté, *haut les bras, monsieur l'abbé;* ailleurs, *à bas le chapeau;* de tous côtés, *paix là, paix la cabale.* On s'agitait, on se remuait, on se poussait; l'âme était mise hors d'elle-même. Or, je ne connais pas de disposition plus favorable au poète. La pièce commençait avec peine, était souvent interrompue; mais survenait-il un bel endroit? c'était un fracas incroyable, les *bis* se redemandaient sans fin, on s'enthousiasmait de l'auteur, de l'acteur et de l'actrice. L'engouement passait du parterre à l'amphithéâtre, et de l'amphithéâtre aux loges. On était arrivé avec chaleur, on s'en retournait dans l'ivresse; les uns allaient chez des filles, les autres se répandaient dans le monde; c'était comme un orage qui allait se dissiper au loin, et dont le murmure durait encore longtemps après qu'il était écarté. Voilà le plaisir. Aujourd'hui on arrive froids, on écoute froids, on sort froids, et je ne sais où l'on va.

La générosité de M. de Lauraguais n'avait pas excité moins de satisfaction à Paris qu'aux Délices. Les comédiens français lui témoignèrent leur reconnaissance en lui accordant ses entrées à vie sur le théâtre, puis tous les écrivains contemporains lui rendirent un hommage empressé. Collé, Barbier, Grimm, Marmontel célèbrent à l'envi les lumières de son esprit, son excellent goût artistique, les bienfaits de sa libéralité. Tous ne font que louer M. de Lauraguais, mais Saint-Foix, d'un tempérament plus agressif, ne manque pas l'occasion de décocher quelque trait malicieux aux spectateurs expulsés. « Tout Paris a vu, avec la plus grande satisfaction, en 1759, le premier de nos théâtres, notre théâtre par excellence, tel qu'on le désirait depuis si longtemps, c'est-à-dire délivré de cette portion brillante et légère du public qui en faisait l'ornement et l'embarras, de ces gens de bon ton, de ces magistrats oisifs, de ces petits-maîtres charmants qui savent tout sans rien apprendre, qui regardent tout sans rien voir, qui jugent de tout sans rien écouter; de ces appréciateurs du mérite, qu'ils méprisent; de ces protecteurs des talents, qui leur manquent; de ces amateurs de l'art, qu'ils ignorent. La frivolité française ne contrastera plus ridiculement avec la gravité romaine. De la sorte, le marquis de *** est placé dans l'éloignement où il convient qu'il soit, d'Achille, de Nérestan, de Châtillon (1). »

(1) *Essais historiques*, t. VII; p. 63. — Voir aussi, dans les *Spectacles de Paris*

LES SPECTATEURS SUR LE THÉATRE

Dorat, le précieux Dorat, accorda sa lyre pour célébrer cette renaissance de la scène française.

Le public n'y voit plus, borné dans ses regards,
Nos marquis y briller sur de triples remparts.
Ils cessent d'embellir la cour de Pharasmane,
Zaïre sans témoins entretient O·osmane.
On n'y voit plus l'ennui de nos jeunes seigneurs
Nonchalamment sourire à l'héroïne en pleurs.
On ne les entend plus, du fond de la coulisse,
Par leur caquet bruyant interrompre l'actrice,
Persifler Mithridate, et sans respect du nom,
Apostropher César ou tutoyer Néron! (1)

Si précieux que fussent ces éloges, M. de Lauraguais dut se sentir encore plus honoré quand il reçut des Délices une lettre de Voltaire, qui lui dédiait en termes des plus flatteurs sa nouvelle comédie de l'*Écossaise*.

« Ce qu'on pouvait reprocher à la scène française, disait le poète, était le manque d'action et d'appareil. Les tragédies étaient souvent de longues conversations en cinq actes. Comment hasarder ces spectacles pompeux, ces tableaux frappants, ces actions grandes et terribles, qui, bien ménagées, sont un des plus grands ressorts de la tragédie; comment apporter le corps de César sanglant sur la scène ; comment faire descendre une reine éperdue dans le tombeau de son époux, et l'en faire sortir mourante de la main de son fils, au milieu d'une foule qui cache et le tombeau, et le fils, et la mère, et qui énerve la terreur du spectacle par le contraste du ridicule? C'est de ce défaut monstrueux que vos seuls bienfaits ont purgé la scène, et quand il se trouvera des génies qui sauront allier la pompe d'un appareil nécessaire et la vivacité d'une action également terrible et vraisemblable à la force des

---

(1760), le discours sur la Comédie-Française, extrait de l'*État actuel de la Musique du roi*. Après avoir exposé combien la vérité de représentation, si propre à favoriser le succès des drames, a manqué jusqu'alors aux auteurs, combien « des spectateurs, toujours frivoles et peu attentifs, des personnages revêtus d'habillements bizarres et rarement convenables à leurs rôles, détruisaient cette illusion précieuse à laquelle l'intérêt est si étroitement lié; » l'écrivain rend hommage au roi d'abord, qui, « toujours attentif aux progrès des arts, vient d'accorder à ses comédiens l'usage de quelques décorations; » puis à mademoiselle Clairon et à M. Lekain, qui, « éclairés et conduits par l'amour de leur talent, ont introduit la coutume dont la nécessité était évidente, et ont fait que MM. Vanloo et Boucher soient consultés avant nos marchandes de modes et nos tailleurs; » et enfin à « l'amateur qui a eu la générosité de procurer à la nation ce qu'elle semblait souhaiter inutilement, cette liberté de la scène si longtemps désirée par les maîtres du théâtre. »

(1) Dorat, *la Déclamation*; chant I : *la Tragédie*.

pensées, et surtout à la belle et naturelle poésie, sans laquelle l'art dramatique n'est rien ; ce sera vous, monsieur, que la postérité devra remercier (1). »

Même après cette réforme, l'usage se conserva encore, aux deux Comédies et à l'Opéra, de rétablir les banquettes sur la scène pour les représentations dites de capitation. Les gens à la mode n'avaient garde de manquer au rendez-vous ; moyennant un droit assez élevé, ils pouvaient, ces soirs-là, jouir du privilége disparu, et ils en abusaient souvent au point de causer des troubles. Le parterre, de son côté, supportait impatiemment cette dérogation au droit commun, et s'élevait en bruyantes protestations contre une faveur qui n'était pas suffisamment excusée par le profit que la Société pouvait en tirer.

La clôture de la Comédie Italienne, en mars 1784, fut troublée par un grand tumulte qui éclata lorsque le rideau se leva et qu'on vit un monde prodigieux rangé sur le théâtre. Les acteurs ne pouvant pas commencer, on fit baisser la toile et l'on s'efforça de reculer ces spectateurs qui offusquaient le public. Mais cet arrangement ne satisfit pas les mécontents ; les clameurs redoublant, on fit entrer des soldats au parterre : l'exaspération s'en accrut. On voulut alors arrêter un des clabaudeurs. Tout le monde prit aussitôt fait et cause pour le malheureux et l'on colleta la garde jusqu'à ce qu'un officier eût ordonné à la troupe de se retirer. Le célèbre acteur Thomassin prit alors le parti de haranguer le public : il lui fit des excuses au nom des comédiens, demandant qu'on leur passât, pour cette fois, une dérogation à l'usage et réclama l'indulgence de l'assemblée. « A la bonne heure, cria quelqu'un, mais sans tirer à conséquence (2). »

Semblable tapage se produisit l'année suivante à la *capitation* des acteurs de l'Opéra (3). On jouait sept actes, *Iphigénie en Tauride* et *Panurge*, ce qui fit durer le spectacle jusqu'à dix heures un quart, mais aussi la recette atteignit un chiffre presque sans exemple : 16,500 livres. « On sait, dit un annaliste, que ces jours-là l'on a le droit d'aller sur le théâtre pour un louis : le nombre de ces agréables était si grand qu'il

---

(1) Dans ses *Commentaires sur Corneille*, Voltaire donne encore à M. de Lauraguais un nouveau tribut d'éloges. C'est à propos du vers d'*Œdipe* :
    Vous pouvez consulter le divin Tirésie.

« Quelle différence entre ce froid récit de la consultation, et les terribles prédictions que fait Tirésie dans Sophocle! Pourquoi n'a-t-on pu faire paraître ce Tirésie sur le théâtre de Paris? J'ose croire que si on avait eu, du temps de Corneille, un théâtre tel que nous l'avons depuis peu d'années, grâce à la générosité éclairée de M. le comte de Lauraguais, le grand Corneille n'eût pas hésité à produire Tirésie sur la scène, à imiter le dialogue admirable de Sophocle. »

(2-3) *Mémoires secrets*, 31 mars 1784 et 15 mars 1785.

offusquait le parterre, qui fit un vacarme du diable et les obligea de se retirer dans les coulisses. »

Les théâtres étrangers adoptèrent cette réforme avec empressement : les banquettes disparurent de la scène et n'y furent replacées, comme à Paris, qu'aux jours de nombreuse assemblée ou de représentation solennelle. Gœthe conservait comme un curieux souvenir de son enfance d'avoir vu des bancs sur le théâtre. Il n'avait guère plus de dix ans quand il suivit assidûment les représentations d'une troupe française à Francfort ; n'entendant pas le langage, il s'efforçait de comprendre les pièces d'après le jeu et l'intonation des acteurs. C'est ainsi qu'il connut d'abord les œuvres de Racine, de Destouches, de Marivaux, de La Chaussée, qu'il vit *le Père de famille*, *les Philosophes*, *Rose et Colas*, *le Devin de village*, etc. ; mais il avoue n'avoir conservé qu'un faible souvenir de Molière.

« J'ai pu voir encore de mes yeux, dit-il, cet usage, ou cet abus, dont Voltaire se plaint si fort. Quand la salle était pleine, et que peut-être, en temps de passage de troupes, des officiers de distinction demandaient ces places d'honneur (la loge d'avant-scène), qui d'ordinaire étaient déjà occupées, on établissait encore quelques rangées de bancs et de siéges, en avant de la loge, sur la scène même, et il ne restait plus aux héros et aux héroïnes qu'à se dévoiler leurs secrets dans un étroit espace, au milieu des uniformes chamarrés de croix. J'ai vu représenter dans ces conditions *Hypermnestre* elle-même... (1) ».

La scène resta libre malgré les efforts des gens à la mode pour reconquérir la place dont ils étaient dépossédés. Le public défendit trop chaudement une réforme qui lui procurait de nouvelles jouissances pour qu'on pût revenir à cet usage autrement qu'aux jours de spectacle extraordinaire. Les acteurs, de leur côté, reconnurent trop bien les avantages du nouvel état de choses pour songer à rétablir sur la scène ces embarrassantes banquettes. La générosité du comte de Lauraguais avait rendu à l'art un service signalé : les comédiens et les spectateurs surent faire respecter cette innovation et assurèrent ainsi le triomphe de la vérité théâtrale.

(1) Gœthe, *Vérité et Poésie*, liv. III.

TABLE DES CHAPITRES

I. 5
II. — 1759. 15
III. 26

www.ingramcontent.com/pod-product-compliance
Lightning Source LLC
Chambersburg PA
CBHW060938050426
42453CB00009B/1079